Nicole Osterhage

Perlenschmuck
Gehäkelte Ketten

CREATIV COMPACT

CHRISTOPHORUS

Inhalt

Schöner Modeschmuck

Gehäkelter Modeschmuck ist einfach und schnell herzustellen. Sie benötigen wenig Platz und können Ihr Hobby an jedem Ort, ob im Urlaub, auf der Terrasse, in der Mittagspause oder auch gemütlich auf dem Sofa ausüben. Alle Materialien lassen sich mühelos in einer kleinen Dose oder Mini-Tasche verstauen und sind somit jederzeit greifbar und mühelos mitzunehmen.

Die unterschiedlichen Häkeltechniken bieten immer wieder neue Inspirationen und eine abwechslungsreiche Arbeitsweise. In diesem Buch stelle ich Ihnen drei verschiedene Techniken vor. Die schnelle Häkeltechnik ist besonders gut geeignet für Ungeübte und Eilige. Die Spiralhäkeltechnik erfordert etwas mehr Konzentration, ist aber ebenso einfach. Bei der Rundhäkeltechnik sollten Sie langsam beginnen. Wenn Sie zuvor allerdings schon mal gehäkelt haben, wird auch diese Technik sehr einfach für Sie nachzuarbeiten sein.

Zu einigen Ketten habe ich Armbänder, Ringe oder Ohrringe angefertigt. So können Sie sich passend zu Ihrer modischen Garderobe ganze Schmuckensembles zusammenstellen.

Ich wünsche Ihnen bei der Ausarbeitung viel Freude und gutes Gelingen!

Nicole Ostrohoge

Das Material

Perlen

Alle verwendeten Perlen werden im Fachhandel in verschiedenen Farben und Formen angeboten. Rocailles gibt es in den Größen 2 mm Ø, 2,5 bzw. 2,6 mm Ø und 4 bis 5 mm Ø (die Größenangaben variieren je nach Hersteller). Die größeren Rocailles (4,5/5 mm) werden auch Indianerperlen genannt. Eine Dose Rocailles entspricht einer Menge von 15 – 17 Gramm.

Perlen- und Häkelnadeln

Eine Perlennadel erleichtert das Auffädeln der Perlen. Mit einem Durchmesser von 0,4 mm können alle verwendeten Perlen aufgefädelt werden.
Für die dünnen Rundhäkelketten Häkelnadeln mit dem Durchmesser 1,5 mm verwenden, für die dickeren Ketten 2,5 mm. Bei den Spiralketten und der schnellen Häkeltechnik sind 1,5 mm Durchmesser empfehlenswert.

Garn und Draht

Fast alle Ketten sind mit Knopflochseide (100 % Polyester) gehäkelt. Sie ist auf Rollen im Fachhandel erhältlich. Für die dicken Rundhäkelketten wird pro Kette ein Strang Perlgarn aus 100 % Baumwolle benötigt.
Armbänder mit Perlonfaden (0,3 mm Ø) oder mit kunststoffummanteltem (nylon coated) Metalldraht (0,3 bis 0,4 mm Ø) arbeiten. Mit Knopflochseide gefertigte Armbänder werden lockerer.

Verschlüsse

Verschlüsse gibt es im Fachhandel in verschiedenen Formen, Farben und Größen. Den Endkappen-Verschluss mit Sekundenkleber befestigen. Dazu die Kettenenden mit einer Nadel vorsichtig, aber fest in die mit Kleber gefüllten Endkappen drücken. 24 Stunden trocknen lassen. Bitte den Klebstoff vorher testen, da einige die Verschlüsse und Perlen blind machen können.
Bei anderen Verschlüssen wird mit Quetschperlen der Draht am Verrutschen gehindert. Dazu die Quetschperle auf den Faden ziehen und mit einer Kettel- oder Spitzzange am Ende zusammendrücken.

Schnelle Häkeltechnik

Diese Ketten sind leicht auch von Anfängern zu häkeln.

1 Zuerst eine Perlenschnur erstellen: Dazu im Wechsel verschiedene Perlen, z. B. vier kleine runde Perlen und eine Stabperle, auffädeln. Den Faden nicht abschneiden! Mit der Häkelnadel eine Luftmasche häkeln.

2 Anschließend die vier kleinen runden Perlen zusammen in einer Masche verhäkeln.

3 Mit der Häkelnadel durch die gerade zuvor gehäkelte Masche (mit den vier Perlen) stechen und die Stabperle in die folgende Masche einhäkeln.

4 Schritt 2 und 3 immer wiederholen. Dabei daran denken, in allen folgenden Maschen mit der Nadel jeweils durch die zuvor gehäkelte Masche zu gehen!

Mit dieser einfachen Technik können beliebig viele verschiedene Perlen hintereinander verhäkelt werden.

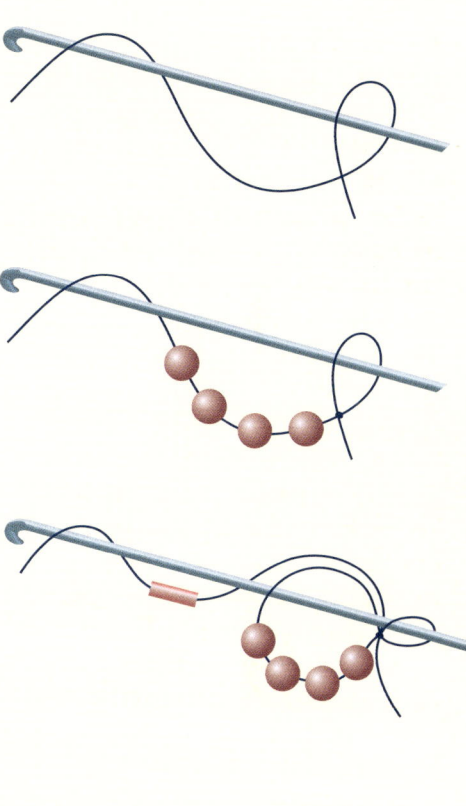

Spiral-Häkeltechnik

1 Für diese Technik immer zwei verschiedene Perlenfarben und -arten verwenden, dabei mit der längsten Perle beginnen: Im Wechsel je zwei runde Perlen und eine Stabperle (oder Olive) auffädeln, dabei mit einer langen Perle aufhören. Den Faden nicht abschneiden! Eine Luftmasche häkeln.

2 Anschließend drei Perlen zusammen in einer Masche verhäkeln: eine Stabperle und zwei runde Perlen.

3 Bei der nächsten Masche wieder drei Perlen zusammen verhäkeln. Dabei mit der Nadel durch die zuvor gehäkelte Masche hinter die letzte Perle gehen. Schritt 2 und 3 immer wiederholen.

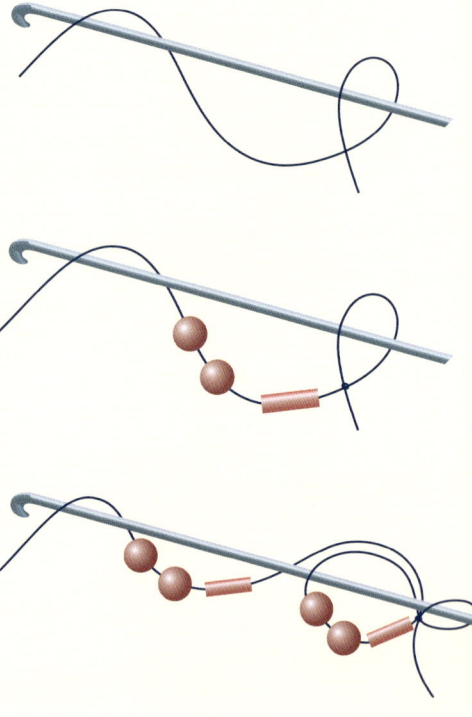

Tipps & Tricks

• Je dünner die Häkelnadel ist, desto filigraner wird die Kette.

• Damit die Maschen fester sitzen und besser wiedergefunden werden, kann nach jeder Masche mit Perlen zusätzlich eine feste Masche gehäkelt werden. Dann trotzdem für die nächste Perlenmasche in die vorherige Masche mit den Perlen stechen.

• Bei der schnellen und der Spiral-Häkeltechnik das Garn passend zu den Perlen auswählen. Möglichst dunkle Farben verwenden, da helle schnell verschmutzen.

Rund-Häkeltechnik

1 Zum Kennenlernen der Technik am besten Holzperlen in drei verschiedenen Farben verwenden.
Im Wechsel Perlen in den angegebenen Farben bis auf eine Länge von 1,8 bis 2 m Länge auf das Garn fädeln. Das Garn nicht abschneiden! Eine Luftmasche häkeln.

2 Anschließend z. B. drei Luftmaschen häkeln; dabei jeweils eine Perle in jede Luftmasche mit hineinhäkeln.

3 Mit der Nadel durch die Masche der ersten Perle stechen und die nächste Perle einhäkeln. So schließen sich die drei Luftmaschen mit den Perlen zu einem Kreis (= 1. Runde). Für alle weiteren Runden immer die neue Perle über eine gleichfarbige Perle aus der davor gehäkelten Runde häkeln. Achtung: Der Faden darf nie hinter die Perle rutschen! Er muss immer vor der Perle liegen.

4 Dies ist das Grundmuster der Rund-Häkelketten. Die Ketten von Seite 24 bis 30 bauen auf dieser Technik auf. Allerdings verändert sich die jeweilige Position der Perlen von Runde zu Runde.

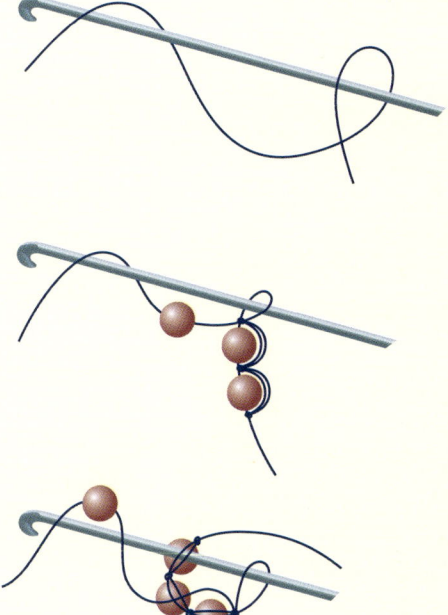

Tipps & Tricks

- Es werden keine zusätzlichen Maschen gehäkelt, sondern nur die, in denen die Perlen sitzen!

- Die Länge und Dicke der Kette hängt von der Stärke der Häkelnadel und der Lockerheit des Häkelns ab.

Ensemble in Blau

Material

Kette

- 1 Dose Glasschliffperlen in Blau, 6 mm Ø
- 1 Dose Glasschliffperlen in Blau, 4 mm Ø
- 1 Dose Glasstifte in Hellblau, 2 x 2 mm
- Verschluss in Silber, 1 cm Ø
- Spaltring in Silber, 4 mm Ø
- Knopflochseide in Blau

Armband

- 1 Dose Stiftperlen in Gold, 12 x 2,5 mm
- 1 Dose Glasstifte in Hellblau, 2 x 2 mm
- 1 Dose Glasschliffperlen in Blau, 4 mm Ø
- 4 Glasschliffperlen in Blau, 6 mm Ø
- Verschluss in Silber, 1 cm Ø
- Spaltring in Silber, 4 mm Ø
- Perlonfaden, 0,25 mm Ø
- Sekundenkleber

Ring

- 1 Dose Glasschliffperlen in Blau, 4 mm Ø
- 1 Dose Glasstifte in Hellblau, 2 x 2 mm
- Perlonfaden, 0,3 mm Ø
- Sekundenkleber

Zusätzlich

- Häkelnadel, 2,5 mm
- Perlennadel

Vorlagen A, B

Kette

Für die Kette (42 cm lang) zwei kleine Glasschliffperlen, fünf Glasstifte und eine große Glasschliffperle im Wechsel auffädeln. Die Kette nach der Anleitung von Seite 5 in der schnellen Häkeltechnik anfertigen. Immer fünf Glasstifte in einer Masche verhäkeln. Pro Glasschliffperle jeweils eine Masche häkeln. Die Fäden vernähen und den Verschluss mit separaten Fäden fest annähen.

Armband

Das 18 cm lange Armband entsteht in zwei Arbeitsschritten mit einem 3 m langen Faden. Zuerst die untere Ebene des Armbandes aus 49 goldenen Stiftperlen mit den identischen Anfangs- und Endperlen anfertigen (s. Schritt 1, Vorlage A). Im zweiten Arbeitsschritt die blauen Stifte und Perlen zusätzlich auffädeln (s. Schritt 2). Den Faden möglichst weit durch die Perlen zurückführen.

Ring

Die Perlen nach Vorlage B auffädeln. Mit einer Glasschliffperle in der Mitte des Fadens (30 cm) beginnen, rechts und links je einen Glasstift hinzufügen und gegengleich durch die nächste Glasschliffperle gehen. Nach Vorlage weiterarbeiten. Nach den letzten zwei Glasstiften die Enden gegengleich durch die erste Glasschliffperle ziehen, vernähen und an einer Perle fixieren.

Modernes Farbenspiel

Material

Kette

- 1 Dose Rocailles in Rot, 4 mm Ø
- 1 Dose Rocailles in Rosa, 2,6 mm Ø
- 1 Dose Glasstifte in Pink, 2 x 2 mm
- Verschluss in Silber, 1 cm Ø
- Spaltring in Silber, 7 mm Ø
- Verlängerungskette in Silber
- Knopflochseide in Rot

Armband

- 1 Dose Glasstifte in Pink, 2 x 2 mm
- 12 Glasschliffperlen in Rot, 6 mm Ø
- Verschluss in Silber, 1 cm Ø
- Spaltring in Silber, 7 mm Ø
- 6 Quetschperlen
- Perlonfaden, 0,25 mm Ø
- Sekundenkleber

Zusätzlich

- Häkelnadel, 2,5 mm Ø
- Perlennadel
- Zange

Vorlage C

Kette

Die Perlen wie folgt im Wechsel auf das Garn fädeln: zehn Glasstifte, vier kleine Rocailles und eine große Rocaille, bis ein 1 m langer Perlenstrang entstanden ist. Die Kette in der schnellen Häkeltechnik nach der Anleitung von Seite 5 bis auf eine Länge von 42 cm anfertigen. Dabei werden immer die zehn Glasstifte in einer Masche verhäkelt, die vier kleinen Rocailles in der nächsten und die großen roten Rocailles immer allein. Die Fäden vernähen und den Verschluss und den Spaltring mit neuen Fäden annähen. Die Verlängerungskette bei Bedarf befestigen.

Armband

Das 20 cm lange Armband nach Vorlage C auffädeln: Den 1,5 m langen Perlonfaden doppelt nehmen und am Verschluss befestigen (siehe Skizze auf dem Vorlagebogen). Mit beiden Fadenenden die Quetschperlen und die mittlere Perlenreihe auffädeln. Den anderen Teil des Verschlusses befestigen und durch die äußeren Perlen (siehe Vorlage) zurückgehen. So entstehen die Schlaufen. Wenn keine Bögen zu arbeiten sind, durch die mittleren Perlen zurückfädeln. Die Fadenenden möglichst weit durch die Perlen zurückführen und verkleben. Die Quetschperlen vorsichtig zusammendrücken.

Warme Erdtöne

Material

Kette

- 1 Dose Rocailles in Orange, 2,6 mm Ø
- 1 Dose Rocailles in Braun, 2,6 mm Ø
- 1 Dose Glasstifte in Lindgrün, 2 x 2 mm
- 10 mattierte Wachsperlen in Lindgrün, 6 mm Ø
- Verschluss mit Endkappen in Silber, 8 mm Ø
- Knopflochseide in Schwarz
- Sekundenkleber

Armband

- 1 Dose Rocailles in Orange, 2,6 mm Ø
- 1 Dose Rocailles in Braun, 2,6 mm Ø
- 1 Dose Glasstifte in Lindgrün, 2 x 2 mm
- 14 mattierte Wachsperlen in Lindgrün, 6 mm Ø
- Karabinerverschluss in Silber, 1,5 cm Ø
- Spaltring in Silber, 7 mm Ø
- 6 Quetschperlen in Silber
- Perlonfaden, 0,3 mm Ø

Zusätzlich

- Häkelnadel, 2,5 mm Ø
- Perlennadel
- Zange

Vorlage D

Kette

Diese Kette besteht aus zwei fertig gehäkelten Ketten. Für jeden Perlenstrang (80 cm) im Wechsel 15 braune Rocailles, 15 Rocailles in Orange und 15 grüne Rocailles auffädeln. Jede Kette in der schnellen Häkeltechnik (siehe Seite 5) anfertigen: Dabei immer fünf Perlen von der gleichen Farbe in einer Masche verhäkeln, also drei Maschen mit je fünf braunen Perlen, drei Maschen mit je fünf Perlen in Orange usw. Die zwei fertigen Ketten nebeneinander legen und auf jeder Seite je fünf Wachsperlen auf beide Fäden fädeln (Länge der Kette: ca. 45 cm). Die Enden verknoten und den Verschluss mit Sekundenkleber festkleben.

Armband

Den Perlonfaden (1,5 m) doppelt legen und den Verschluss befestigen (siehe Skizze neben der Vorlage D). Die Quetschperlen und die mittlere Perlenreihe mit 14 Wachsperlen auf beide Fadenenden fädeln, ebenso die drei Quetschperlen und den Verschluss am anderen Ende (Länge des Armbands: 21 cm). Nun die Fäden durch die äußeren Perlenreihen (siehe Vorlage) zurückführen. Den Faden möglichst weit durch die Perlen zurückschieben und abschneiden. Die Quetschperlen vorsichtig zusammendrücken.

Kette

- 16 Swarovski-Perlen in Rot, 6 mm Ø
- 16 Swarovski-Perlen in Schwarz, 6 mm Ø
- 16 Swarovski-Perlen in Pink, 6 mm Ø
- 1 Dose Rocailles in Rot, 2,6 mm Ø
- Verschluss mit Endkappen in Silber, 8 mm Ø
- Verlängerungskette in Silber
- Knopflochseide in Schwarz
- Sekundenkleber

Armband

- 16 Swarovski-Perlen in Rot, 4 mm Ø
- 16 Swarovski-Perlen in Schwarz, 4 mm Ø
- 16 Swarovski-Perlen in Pink, 4 mm Ø
- 1 Dose Rocailles in Rot, 2,6 mm Ø
- 2 Karabinerverschlüsse in Silber, 1,5 cm Ø
- Spaltring in Silber, 7 mm Ø
- Knopflochseide in Schwarz
- Sekundenkleber

Ohrringe

- Ohrstecker mit Öse in Silber, 1 cm Ø
- 2 Strasskugeln in Rot, 1 cm Ø
- 5 Swarovski-Perlen in Rot, 4 mm Ø
- 5 Swarovski-Perlen in Dunkelrot, 2 mm Ø
- Nietstift in Silber
- Perlonfaden, 0,3 mm Ø
- Sekundenkleber

Zusätzlich

- Häkelnadel, 2,5 mm
- Perlennadel

Vorlagen E, F

Kombination in Rot

Kette

Zu Beginn 50 Rocailles auffädeln; dann eine rote Swarovski-Perle, fünf Rocailles, eine Swarovski-Perle in Pink, fünf Rocailles, eine schwarze Swarovski-Perle und fünf Rocailles im Wechsel, bis alle Swarovski-Perlen aufgebraucht sind; dann wieder 50 rote Rocailles. Die Kette in der schnellen Häkeltechnik (siehe Seite 5) bis auf eine Länge von 42 cm arbeiten. Dabei je fünf Rocailles in einer Masche verhäkeln, die Swarovski-Perlen immer allein. Die Fäden vernähen und den Verschluss festkleben. Nach Bedarf die Verlängerungskette mit einem Spaltring befestigen.

Armband

Das 19 cm lange Armband nach Vorlage E in 7 Schritten auffädeln. Jeder Schritt entspricht einer Runde und ist auf der Vorlage mit einer durchgezogenen Linie dargestellt. Wenn durch Perlen erneut durchgefädelt wird, ist dies gestrichelt eingezeichnet. Zum Schluss den Faden weitmöglichst durch die Perlen zurückführen, verknoten und mit Sekundenkleber fixieren. Anschließend zweimal je 15 Rocailles auf einen Faden fädeln und die zwei Perlenbögen an die Enden des Armbandes annähen. Den Faden möglichst weit durch die Perlen zurückführen, verknoten und fixieren. Die Verschlüsse mit dem Spaltring verbinden.

Ohrring

Die Perlen im Wechsel auf den Perlonfaden (30 cm) fädeln und zu einem Kreis schließen. Die Strasskugel als Mittelperle auffädeln. Die Fadenenden verknoten und abschneiden, den Perlenring auf die Ohrstecker-Platte kleben und zum Trocknen in einen Steckschwamm stecken. Den Nietstift durch die zweite Strasskugel ziehen, das andere Stiftende zu einer Öse biegen und diese in den Ohrstecker hängen.

Leuchtendes Pink

Material

Kette

- 1 Dose mattierte Rocailles in Bordeauxrot, 2,6 mm Ø
- 1 Dose mattierte Rocailles in Lila, 2,6 mm Ø
- 1 Dose Glasstifte in Pink, 2 x 2 mm
- 1 Beutel mattierte Wachsperlen in Bordeauxrot, 6 mm Ø
- Verschluss mit Endkappen in Silber, 8 mm Ø
- Knopflochseide in Schwarz
- Sekundenkleber

Armband

- 1 Dose mattierte Rocailles in Bordeauxrot, 2,6 mm Ø
- 1 Dose mattierte Rocailles in Lila, 2,6 mm Ø
- 1 Dose Glasstifte in Pink, 2 x 2 mm
- 15 mattierte Wachsperlen in Bordeauxrot, 6 mm Ø
- Karabinerverschluss in Silber, 1,5 cm Ø
- Spaltring in Silber, 7 mm Ø
- 6 Quetschperlen in Silber
- Schmuckdraht, 0,3 mm Ø

Zusätzlich

- Häkelnadel, 2,5 mm Ø
- Perlennadel
- Zange

Vorlage G

Kette

Einen Perlenstrang (1 m) mit einer Wachsperle, fünf Rocailles in Bordeauxrot, vier Rocailles in Lila und vier Glasstiften in Pink im Wechsel erstellen. Die Kette in der schnellen Häkeltechnik (siehe Seite 5) bis auf eine Länge von 42 cm arbeiten. Dabei die Glasstifte und die Rocailles pro Farbe in je einer Masche verhäkeln. Die Wachsperlen immer allein in eine Masche häkeln. Die Fäden vernähen. Den Verschluss festkleben.

Armband

Für das Armband (20 cm) den Draht (1 m) doppelt nehmen und den Verschluss befestigen (siehe Skizze neben Vorlage G). Drei Quetschperlen und die erste Rocailles in Lila mit beiden Drahtenden auffädeln, dann ein Drahtende durch die gerade verlaufenden Perlen ziehen. Das andere Drahtende durch die äußeren Perlen in Kurven um die 15 Wachsperlen herumführen (siehe Vorlage). Mit einem Verschluss enden (siehe Anfang). Den Faden vernähen. Die Quetschperlen zusammendrücken.

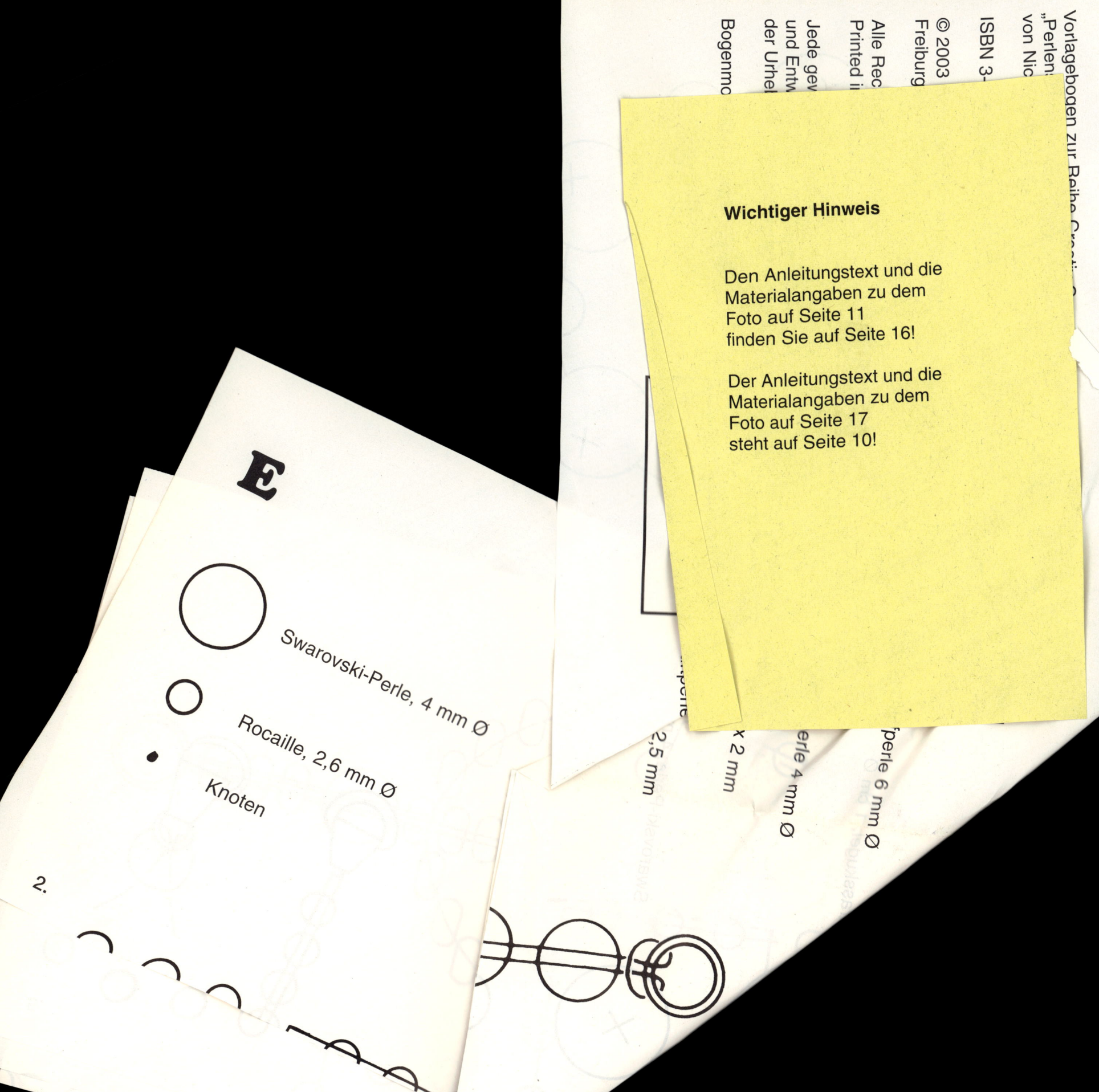

Vorlagebogen zur Reihe Creativ ...
„Perlen...
von Nic...

ISBN 3-...

© 2003
Freiburg...

Alle Rec...
Printed i...

Jede gew...
und Entw...
der Urhe...

Bogenma...

Wichtiger Hinweis

Den Anleitungstext und die
Materialangaben zu dem
Foto auf Seite 11
finden Sie auf Seite 16!

Der Anleitungstext und die
Materialangaben zu dem
Foto auf Seite 17
steht auf Seite 10!

E

Swarovski-Perle, 4 mm Ø

Rocaille, 2,6 mm Ø

Knoten

2.

...2,5 mm

...x 2 mm

...erle 4 mm Ø

...perle 6 mm Ø

1.

2.

Elegante Spiralen

Material

Kette in Schwarz-Weiß
- 4 Beutel Wachsoliven in Schwarz, 6 x 3 mm
- 3 Beutel Wachsperlen in Weiß, 4 mm Ø
- Perlenverschluss, 1 cm Ø
- Knopflochseide in Schwarz

Kette in Schwarz-Grün
- 3 Beutel Wachsoliven in Grün, 6 x 3 mm
- 1 Dose hexagonale Rocailles in Schwarz, 2,5 mm Ø
- 6 Glasperlen in Grau, 8 mm Ø
- Magnetverschluss in Silber, 8 mm Ø
- Knopflochseide in Schwarz

Zusätzlich
- Häkelnadel, 1,5 mm Ø
- Perlennadel

Kette in Schwarz-Weiß

Einen 2 m langen Perlenstrang mit zwei weißen Wachsperlen und einer Olivenperle im Wechsel auffädeln. Die Kette in der Spiral-Häkeltechnik nach der Anleitung von Seite 6 anfertigen, bis eine Länge von 46 cm erreicht ist. Dabei immer zwei Wachsperlen und eine Olivenperle zusammen in einer Masche verhäkeln. Nachdem die Fäden vernäht sind, den Verschluss mit neuen Fäden annähen.

Kette in Schwarz-Grün

Drei Rocailles und eine Olivenperle im Wechsel auf das Garn fädeln, bis ein 1,60 m langer Perlenstrang entstanden ist. Die Kette in der Spiral-Häkeltechnik nach der Anleitung von Seite 6 anfertigen. Dabei immer drei Rocailles und eine Olivenperle zusammen in einer Masche verhäkeln. Zum Schluss je drei Glasperlen auf jedes Kettenende fädeln und in 45 cm Länge den Verschluss annähen.

In Bernsteinfarben

Material

Ketten in Bernstein

- 1 Dose Stiftperlen in Orange, 6 x 2 mm
- 1 Dose Rocailles in Braun, 2,6 mm Ø
- 1 Dose Glasschliffperlen in Bernstein, 4 mm Ø
- Verschluss mit Endkappen in Gold, 8 mm Ø
- Verlängerungskette in Gold
- Knopflochseide in Braun
- Sekundenkleber

Kette in Orange-Gold

- 1 Dose Stiftperlen in Orange, 6 x 2 mm
- 1 Dose Goldperlen, 4 mm Ø
- Magnetverschluss in Gold, 1 cm Ø
- Knopflochseide in Braun

Zusätzlich

- Häkelnadel, 1,5 mm Ø
- Perlennadel

Kette in Bernstein

Einen 2 m langen Perlenstrang mit je einer braunen Rocaille, einer Glasschliffperle und einer Stiftperle im Wechsel anfertigen. Die Kette in der Spiral-Häkeltechnik (siehe Seite 6) bis auf eine Länge von 56 cm häkeln. Dazu immer eine Stiftperle, eine Glasschliffperle und eine braune Rocaille zusammen in einer Masche verhäkeln. Die Fäden vernähen und den Verschluss mit Sekundenkleber befestigen. Die Verlängerungskette anbringen.

Kette in Orange-Gold

Zwei Goldperlen und eine Stiftperle im Wechsel auffädeln. Diese Reihenfolge wiederholen, bis ein 1,2 m langer Perlenstrang entstanden ist. Die Kette in der Spiral-Häkeltechnik (siehe Seite 6) anfertigen. Immer eine Stiftperle und zwei Goldperlen zusammen in einer Masche verhäkeln. Nach 42 cm Länge die Fäden vernähen und den Magnetverschluss annähen.

Material

Kette

- 1 Dose Rocailles-Würfel in Hellblau, 4 x 4 mm
- 1 Dose Stiftperlen in Himmelblau, 12 x 2,5 mm
- 1 Dose Rocailles in Braun, 2,6 mm Ø
- 2 Glasschliffperlen in Bernstein, 8 mm Ø
- Karabinerverschluss in Mattgold, 2 cm Ø
- Spaltring in Mattgold, 7 mm Ø
- Knopflochseide in Schwarz

Armband

- 1 Dose Stiftperlen in Himmelblau, 6 x 2 mm
- 1 Dose Rocailles in Braun, 2,6 mm Ø
- 2 Glasschliffperlen in Bernstein, 8 mm Ø
- Karabinerverschluss in Mattgold, 2 cm Ø
- Spaltring in Mattgold, 7 mm Ø
- Knopflochseide in Schwarz

Ring

- 1 Dose Rocailles in Braun, 2,6 mm Ø
- Kesselstein in Blau, 8 x 6 mm
- Perlonfaden, 0,3 mm Ø
- Sekundenkleber

Zusätzlich

- Häkelnadel, 1,5 mm Ø
- Perlennadel

Vorlage H

Edel zu Jeans

Kette

Eine Stiftperle, einen Rocaille-Würfel und zwei braune Rocailles im Wechsel auffädeln, bis die letzte Stiftperle aufgebraucht ist. Die Kette in der Spiral-Häkeltechnik (siehe Seite 6) häkeln. Immer eine Stiftperle, einen Rocaille-Würfel und zwei braune Rocailles zusammen in einer Masche verhäkeln. Die Fäden vernähen. Je eine Glasschliffperle in Bernstein sowie je neun Würfelperlen und Rocailles im Wechsel auf zwei neue Fäden fädeln und an die beiden Kettenenden nähen (Länge: 42 cm). Den Verschluss befestigen.

Armband

Einen 1 m langen Perlenstrang mit einer Stiftperle und drei braunen Rocailles im Wechsel bestücken. Das Armband in der Spiral-Häkeltechnik (siehe Seite 6) häkeln. Dabei immer eine Stiftperle und drei braune Rocailles zusammen in einer Masche verhäkeln. Die Fäden vernähen. Auf zwei neue Fäden je eine Glasschliffperle und den Verschluss samt Spaltring auffädeln. Diese zwei Fäden nun an die Enden des Armbands nähen. Das Armband ist 19 cm lang.

Ring

Mit einer Rocaille in der Mitte des Fadens (50 cm) beginnen. Pro Fadenende je eine weitere Rocailles auffädeln, dann die Fäden entgegengesetzt durch eine neue Rocailles führen. Weiterarbeiten nach Vorlage H. In der sechsten Runde einen Kesselstein statt einer Rocailles auffädeln. Nach zwei weiteren Runden erneut durch die erste Perle gehen und den Ring schließen. Die Fäden vernähen und an einer Perle fixieren.

Märchenhaftes Grün

Material

Kette mit Tropfenperlen
- 1 Dose Glasstifte in Lindgrün, 2 x 2 mm
- 1 Dose Glastropfen in Grün, 4 x 3 mm
- Verschluss in Gold, 1,5 cm Ø
- Knopflochseide in Schwarz

Kette in Grüntönen
- 1 Dose mattierte Rocailles in Dunkelgrün, 4 mm Ø
- 1 Beutel grüne PVC-Brocken
- 1 Dose Muschelperlen in Grau
- Verschluss in Gold, 1,5 cm Ø
- Spaltring in Gold, 7 mm Ø
- Knopflochseide in Grün

Zusätzlich
- Häkelnadel, 1,5 mm Ø
- Perlennadel

Kette mit Tropfenperlen

Einen 2,5 m langen Perlenstrang erstellen. Dazu mit sechs Glasstiften beginnen, dann eine Tropfenperle, einen Glasstift, eine Tropfenperle, einen Glasstift, eine Tropfenperle und sieben Glasstifte im Wechsel auffädeln. Die Kette in der Rund-Häkeltechnik (siehe Seite 7) fertigen, bis 42 cm erreicht sind. Jede Runde besteht aus sechs Perlen. Zuletzt die Fäden im Perlenstrang vernähen und den Verschluss mit separaten Fäden fest annähen.

Kette in Grüntönen

Die Perlen wie folgt auf das Garn fädeln: eine Muschelperle, eine Rocaille und einen PVC-Brocken im Wechsel. Diese Reihenfolge wiederholen, bis ein 1 m langer Perlenstrang entstanden ist. Die Kette in der schnellen Häkeltechnik nach der Anleitung von Seite 5 bis auf eine Länge von 44 cm arbeiten. Dabei immer pro Perle eine Masche häkeln. Die Fäden vernähen und den Verschluss und den Spaltring mit neuen Fäden gut annähen.

Schlichte Eleganz

Material

Kette in Brauntönen

- 3 Beutel Olivenperlen in Apricot, 6 x 3 mm
- 1 Dose Rocailles in Braun, 4 mm Ø
- Karabinerverschluss in Kupfer, 2 cm
- Spaltring in Kupfer, 7 mm Ø
- Perlgarn in Schwarz

Kette in Schwarz-Silber

- 3 Beutel Silberperlen, 3 mm Ø
- 3 Beutel Olivenperlen in Schwarz, 6 x 3 mm
- Verschluss mit Endkappen in Schwarz, 1 cm Ø
- Perlgarn in Schwarz
- Sekundenkleber

Zusätzlich

- Häkelnadel 2,5 mm Ø
- Perlennadel

Kette in Brauntönen

Eine Olivenperle und zwei Rocailles im Wechsel auf das Garn fädeln. Diese Reihenfolge wiederholen, bis ein 1,8 m langer Perlenstrang entstanden ist. Die Kette in der Rund-Häkeltechnik nach der Anleitung von Seite 7 anfertigen. Dabei immer drei Perlen in einer Runde häkeln. In 44 cm Länge die Fäden im Perlenstrang vernähen. Den Verschluss und den Spaltring separat annähen.

Kette in Schwarz-Silber

Einen 1,8 m langen Perlenstrang erstellen. Dazu immer eine Olivenperle und zwei Silberperlen im Wechsel auf das Garn fädeln. Die Kette in der Rund-Häkeltechnik bis auf eine Länge von 49 cm arbeiten. Siehe dazu Seite 7. Es werden immer drei Perlen in eine Runde gehäkelt. Die Fäden im Perlenstrang vernähen und den Verschluss festkleben.

Brillantes Rot

Material

Kette in Rot-Gold

- 1 Dose Rocailles in Rot, 2 mm Ø
- 1 Dose Glastropfen in Mattgold, 4 mm Ø
- Magnetverschluss in Gold, 1 cm Ø
- Knopflochseide in Rot

Kette in Rot-Braun

- 1 Dose Rocailles in Rot, 4 mm Ø
- 1 Dose hexagonale Rocailles in Braun, 2,5 mm Ø
- 2 Strasskugeln in Braun, 8 mm Ø
- 3 Strassscheiben in Gold, 10 mm Ø
- Karabinerverschluss mit Endkappen in Gold, 12 mm Ø
- Knopflochseide in Schwarz
- Sekundenkleber

Armband

- 1 Dose Rocailles in Rot, 4 mm Ø
- 1 Dose hexagonale Rocailles in Braun, 2,5 mm Ø
- Strasskugel in Braun, 8 mm Ø
- 2 Strassscheiben in Gold, 10 mm Ø
- Knopflochseide in Rot

Zusätzlich

- Häkelnadel, 1,5 mm Ø
- Perlennadel

Kette in Rot-Gold

Einen 1,8 m langen Perlenstrang wie folgt erstellen: Zu Beginn und am Ende je 50 rote Rocailles, dazwischen im Wechsel immer sechs Rocailles und eine Tropfenperle auffädeln. Die Kette in der Rund-Häkeltechnik nach der Anleitung von Seite 7 bis auf eine Länge von 42 cm arbeiten. Es gehören immer vier Perlen in eine Runde. Die Fäden vernähen und den Verschluss annähen.

Kette in Rot-Braun

Für die zwei je 85 cm langen Perlenstränge der Kette immer zwei rote und drei braune Rocailles im Wechsel auf das Garn fädeln. Die Ketten in der Rund-Häkeltechnik (siehe Seite 7) häkeln, dabei jeweils fünf Perlen pro Runde arbeiten. Auf einen neuen Faden die Strassperlen und Strassscheiben im Wechsel auffädeln (siehe Foto) und rechts und links jeweils einen Kettenstrang annähen. Die Kettenlänge beträgt nun ca. 42 cm. Die Fäden im Perlenstrang vernähen. Den Verschluss festkleben.

Armband

Einen 85 cm langen Perlenstrang mit zehn Rocailles in Braun und einer roten Rocaille im Wechsel fertigen. Das Armband (22 cm) in der Rund-Häkeltechnik (siehe Seite 7) mit fünf Perlen pro Runde arbeiten. Die Fäden im Perlenstrang vernähen. Die Strasskugel zwischen die Strassscheiben auf einen neuen Faden fädeln und rechts und links an das Armband annähen.

Material

Kette mit Tropfenperlen

- 1 Dose Alabaster-Rocailles in Hellblau, 2,6 mm Ø
- 1 Dose Glastropfen in Hellblau, 6 mm Ø
- 1 Dose Glastropfen in Dunkelblau, 6 mm Ø
- 4 Glasperlen in Grün, 10 mm Ø
- 4 Glasstifte in Blau, 15 mm Ø
- Verschluss in Silber, 1,5 cm Ø
- Knopflochseide in Blau

Kette mit Blättern

- 1 Dose Glasstifte in Hellblau, 2 x 2 mm
- 1 Dose Rocailles in Schwarz, 2,6 mm Ø
- 20 Glasschliffperlen in Schwarz, 8 mm Ø
- 15 Blätter-Perlen in Blau, 10 mm Ø
- Karabinerverschluss in Silber, 1,5 cm Ø
- Spaltring in Silber, 4 mm Ø
- Knopflochseide in Schwarz

Kette in zweierlei Blau

- 1 Dose Alabaster-Rocailles in Blau, 2,6 mm Ø
- 1 Dose Glasschliffperlen in Blau, 4 mm Ø
- Verschluss in Silber, 1,5 cm Ø
- Spaltring in Silber, 6 mm Ø
- Verlängerungskette in Silber
- Knopflochseide in Schwarz

Zusätzlich

- Häkelnadel, 1,5 mm Ø
- Perlennadel

In Meeresfarben

Kette mit Tropfenperlen

Einen 1,6 m langen Perlenstrang mit zwölf Rocailles, einer hellblauen Tropfenperle, zwölf Rocailles und einer dunkelblauen Tropfenperle im Wechsel erstellen. Die 40 cm lange Kette in der Rund-Häkeltechnik (siehe Seite 7) häkeln. Pro Runde drei Perlen arbeiten. Die Fäden im Perlenstrang vernähen. Auf jeder Seite einen neuen Faden annähen, je zwei Glasstifte und zwei Glasperlen auffädeln und den Verschluss fest annähen.

Kette mit Blättern

Zuerst 43-mal die kleinen schwarzen und blauen Perlen im Wechsel auffädeln. Dann folgt eine Blatt-Perle, anschließend wieder 43-mal im Wechsel die kleinen schwarzen und blauen Perlen. Diese Reihenfolge solange wiederholen, bis alle Blätter-Perlen aufgebraucht sind. Mit den kleinen Perlen im Wechsel enden. Die Kette in der Rund-Häkeltechnik nach der Anleitung von Seite 7 bis auf eine Länge von 45 cm arbeiten. Dabei immer fünf Perlen pro Runde häkeln. Die Fäden vernähen und den Verschluss befestigen.

Kette in zweierlei Blau

Für den 1,6 m langen Perlenstrang fünf Rocailles und eine Glasschliffperle im Wechsel auffädeln. Die 44 cm lange Kette in der Rund-Häkeltechnik (siehe Seite 7) fertigen. Pro Rund fünf Perlen häkeln. Die Fäden im Perlenstrang vernähen. Den Verschluss mit neuen Fäden fest annähen, die Verlängerungskette befestigen.